AF242694
143
6
4441

LETTRE

D'UN MAGISTRAT QUI *L'EST ENCORE*

A

MADAME LA COMTESSE JULES DE R.....

QUI N'EST PLUS A LONDRES.

PREMIER JANVIER,

1800.

LETTRE, &c.

A VEZ-VOUS lu, Madame la Comteſſe, votre lettre au Duc de Portland, imprimée à Hambourg au mois d'Avril dernier?

Vous ne ſaviez pas, ſans doute, à quoi vous vous expoſiez, en nommant pour Secrétaire de vos vengeances un tonſuré ſans morale. Au lieu de vous prêcher la r ſignation convenable à l'état *d'une femme comme vous*, il vous a conſeillé de paroître *hardie*, et vous a livrée au public un libelle à la main.

Que diroient les auteurs du beau nom dont vous vous glorifiez, s'ils vous voyoient déportée à Hambourg, entourée d'intriguans et de ſycophantes? Vous feroient-ils l'application de ce vers de Voltaire, au ſujet de la Marquiſe de Pompadour?

" Et ſur ſon rang ſon eſprit s'eſt monté."

Non, certainement, Madame. Mais en gémiſſant de vous voir placée ſur la liſte des déportés,

A   ils

ils tacheroient de *voiler* le petit coin de leur hiftoire, où votre aventure doit figurer.

Puifque vous fentiez l'efpéce *d'inconvenance et
de malheur qu'il y a, furtout pour une femme telle
que vous, de fe mettre en fcène*, et que malgré ce
fentiment vous en vouliez rifquer les dangers, que
ne choififfiez vous pour défenfeur un homme de
bonne compagnie ? Qui pouvoit favoir mieux
que vous, Madame, depuis que vous avez changé
le nom commun de *Durey*, contre le nom illuftre
de *Rochechouart*, que ce n'eft que dans la bonne
compagnie qu'on obferve toujours les formes et
les bienféances; qu'on a le talent exquis de tout
dire fans offenfer perfonne; et que par des rail-
leries piquantes et de bon goût, on parvient
quelquefois à fauver le fond d'une affaire un peu
facheufe ?

Un tel défenfeur, Madame, eût joué avec vos
petits torts, vos petites rufes, vos petits projets de
reftauration de vos finances. Peut-être même eut il
fait excufer, à force de plaifanteries, votre addreffe
à réparer en Angleterre le tort fait en France à
votre fortune ! Mais il ne vous eut certainement
pas prêté les expreffions indécentes qu'on retrouve
prefque à chaque page de la lettre que vous avez
laiffé publier, lorfque *vous avez voulu, pour la première fois de votre vie, defcendre à juftifier votre
caractère.*

caraĉerè. Il se fut bien gardé de vous faire *opprimer dans les rues,* parceque vous ne pouvez être *une Coureuse de rues,* et que de votre propre aveu *il ne vous reste plus qu' à vous affermir dans le plus sévère devoir.* Enfin, si ce défenseur eut trouvé gai de se moquer de moi, *homme habitué aux afaires,* pour avoir cru bonnement à vos moyens politiques, il ne m'eut pas compromis pour vous avoir introduite auprès du Duc de Portland.

Il ne m'appartient pas, Madame, de répondre aux injures, aux calomnies vomies contre ce ministre par le défenseur que vous avez préféré. On sait assez que les mœurs du Duc sont sa réponse. Vous pouvez être son égale par l'ancienneté de la famille illustre dont vous portez le nom; vous ne l'êtes point par le rang. Et plus on a voulu prouver votre royalisme par la *Tribune,* par les *greffes,* par les *echaffauds,* plus on devoit vous faire respecter le grand Seigneur qui, aux premiers dangers que courût la Royauté, brisa l'Opposition, pour renforcer noblement avec son parti les habiles ministres qui devoient faire triompher l'Autel et le Trône d'une manière si éclatante.

Il ne m'appartient pas d'avantage de prendre la défense de Monsieur Wickham que votre défenseur ne rougit pas d'accoler à Barrère. Wickham

ham et Barrère!!! Si vous avez parcouru votre lettre, Madame, j'ofe répondre que ce paffage vous cft echappé. Vous l'euffiez effacé comme une indignité, en vous écriant

" Eh quoi! Mathan! d'un Prêtre cft-ce là le langage!"

C'etoit un adroit Tartufe que ce Mathan. Il favoit avec art exciter toutes les paffions dans le cœur d'une femme, pour la fubjuguer, et la faire fervir aux projets de fa propre ambition. Mais du moins la faifoit-il toujours parler avec nobleffe.

Ce n'eft pas la faute du Mathan moderne s'il n'eft pas en fon pouvoir d'atteindre à la nobleffe d'ideés et d'expreffions de fon prédéceffeur. Mais devoit-il manquer de jugement dans les chofes les plus communes de la vie? Avant de faire attaquer par la Dlle. *Durey* la naiffance de Monfieur Wickham, que n'apprenoit-il l'hiftoire d'Angleterre! *Elle n'eft pas plus voilée que la Monarchie de ce puiffant Empire.*

La famille des Wickham, lui auroit dit cette hiftoire, eft très ancienne. Parmi les hommes célébres qui ont honnoré cette maifon, on diftingue William, d'abord Evêque de Lincoln, enfuite de Winchefter, fous Henri Huit. Un autre William fut fait grand Chancelier par RichardSecond. Un troifième .... mais on fait tout

cela

cela en Angleterre, comme on y fait que vous êtes fille de parvenu, et femme de grand Seigneur. Ce que votre défenseur devroit encore moins ignorer, c'eſt qu'on y préfère la conſidération perſonelle à toute autre conſidération. C'eſt particulièrement pour cela que Monſieur Wickham y eſt généralement eſtimé, et qu'il reſtera tel malgré les ſottiſes imprimeés *de Monſieur L'Abbé*, et le ridicule roman de votre ſéjour en Suiſſe.

Ne vous impatientez pas, Madame ; j'ai voulu pour n'y plus revenir, s'il eſt poſſible, faire connoitre à quel miſérable calomniateur vous vous êtes abandonnée pour défendre *votre honneur, des contes répétés par pluſieurs papiers publics.* Je parlerai ailleurs des contradictions dans leſquelles il vous a fait tomber, lorſqu'il a voulu vous élever au-deſſus de toutes nos femmes, ſoit comme mère ſoit comme royaliſte. Je dois auparavant rétablir les faits ſur leſquels vous voulez que l'opinion publique prononce.

Je me rappelle très bien l'époque de votre premier voyage à Londres. Des affaires particulières en furent le prétexte. La véritable cauſe, que vous pouvez nier à tout autre que moi, fut d'offrir vos ſervices au Gouvernement. M'ayant malheureuſement jugé utile à ce projet, vous me parlâtes ſi ſouvent et avec tant d'aſſurance, des

rapports,

rapports, des moyens que vous aviez à Paris pour fervir la caufe des Rois, que je me crus obligé de vous feconder à Londres de tout mon pouvoir.

Vous vous étiez bien gardée de me dire que vous faifiez les mêmes confidences à tous ceux des Emigrés à qui vous foupçonniez quelque accès auprès du Miniftère. Je me ferois bien gardé moi-même de rendre compte au Duc de Portland de votre défir extrême de l'entretenir en fecret.

Votre nom ayant prévenu le Duc en votre faveur, ce miniftre, qui ne pouvoit rien connoître de votre perfonel, ne vit aucun inconvénient à vous recevoir. Vous futes enchantée de fon accueil, de fes vues, de la nobleffe de fes procédés. Chaque vifite augmenta l'opinion que vous vous plaifiez devant moi à manifefter fur fon compte. Enfin, je vous vis aux Anges, le jour que vous reçutes des fonds pour payer les fraix de votre retour en France, et les premières dépenfes de la miffion que vous vous étiez fait donner.

Je ne fais comment cela fe fit: mais à peine eutes-vous ces fonds à votre difpofition, que le public s'avifa de compter avec vous, et d'en examiner l'ufage. Au dire de ce public malin, quelques jeunes Emigrés de votre connoiffance

par-

particulière, fur lefquels vous aviez fans doute
des vues politiques, fans ofer pourtant les leur
confier encore, eurent part au gâteau à titre de
fecours. On avoit d'abord imaginé que vous
aviez pris ces nobles fecours fur les cinq cents
livres fterling offertes à un malheureux *callotin*
pour vous fervir d' agent, et par lui refufées à ce
titre. Mais ayant eu l'indifcretion de fe montrer
tout-à-coup dans une certaine opulence, de perdre
à je ne fais quel jeu, des billets de banque tout-à
fait-neufs, et de vanter, en perdant, les charmes
de votre première jeuneffe, et tout ce qui vous
en reftoit, on fe permit alors de conclure que ce
callotin avoit reçu comme ami durable, le traite-
ment qu'il avoit refufé comme agent paffager.
Le public prétendit auffi être inftruit de vos em-
plettes à Londres, faites au moment de votre
départ pour Paris. On raconta bientôt que votre
pacotille de hardes de femmes avoit failli à vous
faire arrêter en débarquant en France. Vous vous
donniez, difoit-on, pour une femme-de-chambre,
et le commis de la Douane ne pouvoit comprendre
en comptant cinquante-fept juppes, qu'une femme-
de chambre fut auffi richement nippée. Il voulut
d'abord vous traiter en contrebandière : mais
quand vous eutes prouvé que tout étoit pour votre
ufage, il voulut vous traiter en efpion, et vous livrer
à la municipalité du lieu, affirmant que vous

aviez

aviez un plan de Contre-Revolution dans lequel il entroit d'habiller en femmes une partie de vos conjurés. Tout s'arrangea pourtant, moyennant une autre partie des fonds touchés à Londres, et vous continuâtes votre route, toujours plus legère d'argent.

A peine futes-vous rendue à Paris qu'impatiente de remonter vos finances, et comptant trop, faute de reflexion, fur la mine que vous croyez avoir conquife à Londres, vous vous dépêchates de tirer des lettres de change. Une telle précipitation ne pouvoit que provoquer le foupçon *d'être joüé*, foupçon fi ridiculement travefti par votre défenfeur. Ne deviez-vous pas prévoir que votre main fe montrant toujours pour recevoir, jamais pour opérer, c'étoit vous déclarer fufpecte, ou d'incapacité de tenir vos promeffes, ou de peu de délicateffe fur les moyens de vous procurer de l'argent.

Vos lettres de change ne furent donc pas acquitteés, parceque vous n'aviez pas donné le tems de faire des remifes. Vous vous en plaignites fi amèrement, que le Duc repouffant encore par pure générofité l'opinion qui s'elevoit de plus en plus contre vous, permit qu'on vous annonçat d'autres fonds payables auffitôt que vous auriez

fait

fait connoître l'emploi des premiers. Pour vous en faciliter les moyens, vous futes invité à revenir en Angleterre, où vous arrivâtes en effet le 6 Août, 1798, fous un nom fuppofé.

Vous aviez malheureufement pour vous, Madame, commis tant d'imprudences pendant votre dernier féjour à Londres, que foit jaloufie contre vous, foit interêt pour la caufe que vous prétendiez défendre, c'étoit à qui accréditeroit de facheux bruits fur votre compte. On difoit que votre mémoire en fait d'argent s'etoit beaucoup affaiblie depuis la Révolution; que vous étiez partie de Suiffe en 1795, fans vous rappeller de payer les dettes d'honneur que vous y aviez contractées, et que dans vos divers voyages à Paris depuis la création du Directoire, vous aviez pris des leçons de certains Miniftres républicains en fait de traités avec les Miniftres des Puiffances étrangères.

Tout cela réuni aux cinquante-fept juppes, aux fecours donnés à la belle jeuneffe et à l'amitié, au tirage fi prompt de vos lettres de change, que pouvoit faire le Duc? Perdre fon argent fans bruit, et par égard *pour votre nom, pour votre fexe, pour vos enfans,* vous prier fans bruit de ne pas réfider plus long tems en Angleterre.

B 2

C'eft

C'eſt préciſément ce qu'il fit le 14 Août huit jours après votre arrivée. Monſieur l'Abbé de la Géard ſollicita ſur le champ en votre nom, la révocation de cette *prière*, promettant que vous partiriez volontairement dans quarante-huit heures. Le Duc y conſentit.

Comment donc votre Secrétaire de Hambourg, oſe-t-il avancer que *le premier ordre ayant été donné ſans preuves, il fut ſuſpendu ſur votre première reclamation?* Pouvoit-il ignorer que cet ordre, juſte et néceſſaire, s'il en fut jamais, ne fut ſuſpendu que parcequç vous aviez offert de faire vous même en quarante-huit heures, juſtice de votre propre conduite, et merité par cette ſoumiſſion, qui dut paroitre ſincère, toute l'indulgence qu'il etoit poſſible de vous accorder?

On s'apperçut bientot que cette promeſſe de partir dans deux jours n'avoit été imaginée que pour gagner du tems, et pour vous en ſervir. Vous fites entendre à vos amis les *Magiſtrats*, les *Evêques*, les *Ex-miniſtres*, &c. qu'on vous renvoyoit pour cauſe de républicaniſme ; et ce fut à qui vous juſtifieroit du fond de cette accuſation. Mais quànd on apprit qu'elle n'entroit pour rien dans la déciſion priſe contre vous par le gouvernement, on ne ſut que penſer ni que dire.

Ce

Ce moyen ne vous ayant pas réuffi, vous fîtes colporter ce que votre défenfeur appelle avec tant de fatisfaction, *un corps de preuves complet.* Plus on le lut avec attention, et plus on fut·obligé de convenir avec le Duc que *ce corps de preuves complet,* ne prouvoit complettement que le danger de vos intrigues, le ridicule d'une femme à projets, et la foibleffe de votre mémoire en fait d'application de fonds.

On en revint donc à vous faire dire de ne pas prolonger votre féjour à Londres. Et comme au mépris de vos engagemens, vous y étiez encore le 2 Septembre, il fut addreffé à votre défenfeur de Londres qui avoit un bien autre ton, une bien autre maniére de vous faire parler, que votre défenfeur du Continent, il lui fut addreffé, dis·je, votre paffeport pour Yarmouth, contenant encore un delai de huit jours. On le pria en même tems de vous avertir des conféquences de l'Acte du Parlement, fi vous ne partiez pas à l'époque ordonnée.

Vous n'en perfévérates pas moins, Madame, dans ce que votre défenfeur de Hambourg nomme *courage, fermeté,* c'eft-à-dire, dans votre défobeiffance à la loi. Ce Duc de Portland *fi defpote, fi cruel,* ce Monfieur Wickham fi enclin *par baffeffe d'origine,* à prouver fon autorité par

l'oppreffion

l'oppreffion *d'une femme comme vous*, avoient donc une belle occafion de fe fatisfaire l'un et l'autre. Cependant ils la laifférent échapper. Ils avoient d'abord employé la prière, enfuite les avertiffemens. Réduits à employer la menaçe, pour prévenir, s'il etoit poffible, les voies de fait, ce fut encore à l'Abbé de la Géard qu'ils ecrivirent le 14 Septembre, que fi vous refifliez plus longtems à la loi, on feroit dans la néceffité de vous envoyer *in common* à Gravefend.

Au premier mot de cette nouvelle vous fites reprefenter par un Ambaffadeur que vous étiez malade. Croiroit-on en lifant votre défenfeur de Hambourg, qu'il ne fallut à vos *terribles* ennemis pour fufpendre *leurs fureurs* contre vous, et vous donner le tems de rétablir votre fanté, qu'un certificat, non de votre *medecin* comme on vous le fait dire, mais de votre *apothicaire*.

Vous vous rappellez, Madame, l'ufage que vous fites de ce nouveau délai. Vos difcours, vos meffages, vos nouvelles intrigues, dégoutérent jufqu'à vos propres amis, qui ne folliciterent plus que des égards pour vos alliances, en reconnoiffant la neceffité de *vous éconduire*. Ils n'avoient pas befoin de les folliciter ces égards, puifqu' on n'avoit jamais ceffé de les exercer malgré tout ce que vous aviez pu faire pour attirer fur vous la févérité de la loi.

Cependant

Cependant vous refliez toujours à Londres. Il fallut pour en finir, à caufe du fcandale de votre réfiftance aux ordres du gouvernement, vous envoyer le 31 Octobre, deux meffagers d'état chargés de ne vous quitter qu'après que vous vous feriez foumife à la néceffité de fortir du royaume.

Leur préfence vous ayant enfin convaincüe du danger d'une plus longue obftination, vous écrivites à Monfieur Wickham une lettre de votre main, lettre qui peut jetter un grand jour fur votre affaire. Je crois m'en rappeller affez le contenu pour pouvoir en donner un extrait fidèle. Je ne doute pas, vû la teneur, que l'original n'en ait été confervé au depôt de l'Alien Office.

" J'avois demandé, mandiez-vous le 8 Octo-
" bre, 1798, clairement et pofitivement de
" partir hier ou aujourd'hui. Je le demande
" encore plus clairement s'il eft poffible pour
" demain. Il eft, je penfe, néceffaire de me ré-
" pondre. J'obferve qu'étant venüe ici fur l'in-
" vitation d'un Miniftre *feulement pour dix jours,*
" j'ai apporté très peu d'argent, &c. &c."

L'ordre que vous follicitiez fi *clairement* et fi *pofitivement* fut expédié le même jour, et dès le lendemain votre rôle finit en Angleterre.

Maintenant,

Maintenant, Madame, je le demande à tout homme impartial, je le demande à vous même, s'il eſt poſſible que vous conſidériez un inſtant votre diſgrace avec d'autres yeux que ceux de votre défenſeur Hambourgeois? Où eſt donc cette tyrannie affreuſe dont il vous fait publiquement déclarer la victime? De votre propre aveu, *vous étiez venue à Londres ſur l'invitation d'un Miniſtre ſeulement pour dix jours;* de quel droit vouliez vous donc y reſter plus longtems, quand tel étoit le terme fixé à votre réſidence? Suppoſez-vous, ſans aucun tort, êtes vous juge des raiſons d'état qui peuvent exiger votre départ, lorſque c'eſt de Paris que vous arrivez? Et quand, malgré le ridicule et répréhenſible emploi des fonds que vous avez eu l'art d'arracher, on veut bien par égard pour le nom que vous portez, vous laiſſer ſortir volontairement du Royaume, pourquoi vous expoſer à en ſortir par ordre? Pourquoi, par une reſiſtance opiniâtre, provoquer des meſures plus ſévères qu'on n'a cependant employées qu'avec peine et par degré, et faire connoître au public la cauſe peu honorable de votre déportation?

Ah! ne vous en prenez qu'à vos perfides conſeillers de l'affront que vous avez reçu: et n'eſpérez pas diffamer avec la plume d'un homme qui n'a rien à perdre que vous même, des perſonnages fonnages refpeĉtables qui gémiffent encore de voir une femme de qualité fe donner ainfi en fpeĉtacle à l'Europe entière.

Mais, redirez-vous peut-être, je favois que j'avois été accufée de beaucoup d'autres torts, et je voulois tout éclaircir avant de quitter Londres.

Il eft vrai, Madame, que des lettres de France, de Suiffe, d'Angleterre même ne vous avoient pas peinte à votre avantage. Elles vous accu-foient d'avoir prefque toujours vecu feparée de votre mari, de vous être fauvée de France en 1794, avec un autre Abbé; d'avoir proposé, pendant votre féjour à Berne, à l'Advoyer de Steiguer, à M. M. Mallet du Pan et Mounier, de vous procurer de l'argent fur deux prétendus *Bons* de Louis dix-fept, pour fauver du Temple ce malheureux Prince. Vous aviez, difiez-vous, des intelligences fûres dans fa prifon, un parti puiffant dans Paris. Il n'y avoit pas un moment à perdre pour envoyer les fonds que vous de-mandiez; et dans l'efperance de mieux féduire M. M. Mallet du Pan et Mounier, vous les condui-fites trois jours de fuite fur la route de Soleure, lieu fecret du rendezvous du courier qui devoit venir prendre vos derniers ordres et l'argent né-ceffaire au fuccès de la delivrance du jeune Roi.

C

Le

Le bon fens de ces Meffieurs les ayant fauvés de vos pièges, vous eutes la mal-addreffe de préfenter un autre roman à Monfieur Wickham. Ce miniftre vous ayant éconduite, il ne fut plus à vos yeux qu'un négociateur foible, inhabile, livré *à tous les magiciens conflitutionels*, et *l'ennemi de tous les vrais prophêtes.*

Forçée de chercher ailleurs que dans *les affaires etrangères*, vos moyens de fubfiftance, vous eutes recours à l'induftrie proprement dite. On vous vit auffitôt faire des lotteries, chercher des répondans pour les marchandifes que vous achetiez à crédit; difter des articles aux papiers Français qui vous défignoient comme un agent fecret du gouvernement d'Angleterre; donner enfin de grands foupers pour attirer plus de dupes. Le modérantifme qui s'etablit alors en France vous y ayant rappellée pour prouver *que vous n'aviez pas perdu la tête*, vous futes tellement abforbée par ce nouveau projet, que vous laiffates à un vieillard vénérable (M. P——) le foin de payer de fon propre argent, les objets que vous aviez achetés fous fon cautionnement pour foutenir votre rang en Suiffe.

Voilà, Madame, la principale partie des torts qu'on vous reprochoit. On vous en avoit donné connoiffance fans s'écarter des ménagemens que

les

les honnêtes gens de tous les pays gardent toujours avec une femme. Mais foit qu'il fut *indigne d'une femme comme vous de defcendre* à fe juftifier de ces miférables aventures, foit que votre défenfeur defefperât d'en parler avec dignité, il n'en fut pas queftion dans *le fameux corps de Preuves complet.* Vous perfiftates dans votre plan favori de vous dire une victime de la calomnie en fait de royalifme, quoique le miniftère n'eut jamais voulu montrer le moindre doute fur vos fentimens à cet égard.

Cependant, fi jugeant moins vos intentions que votre conduite apparente, le miniftère n'eut calculé que les faits matériels, il auroit pu fans crime elever quelques foupçons fur *cet héroifme contre-révolutionnaire* dont vous vous vantez avec tant de complaifance.

En effet, Madame, n'eft-il pas démontré par vos propres confeffions que vous n'avez émigré qu'en 1794? A la verité St. Juft et Barrère vous avoient denoncée à la Tribune et firent guillotiner depuis *une femme qui avoit le malheur de vous reffembler un peu.* Mais St. Juft et Barrère dénonçoient et guillotinoient auffi leurs complices.

Auffitôt que le fupplice de Roberfpierre eut ouvert les portes de la France *aux citoyens* que la

terreur

terreur feule en avoit fait fortir, vous ne perdites pas un moment pour profiter de cette efpèce d'amniftie, et forcer par votre *certificat d'indivi-dualité* la reftitution de vos biens. Mais ce cer-tificat d'individualité ne fuffifoit pas pour rentrer dans fes biens. Il falloit auffi prouver fon *civifme* et prêter ferment de fidelité *à la République une et indivifible*, et *de haine à la Royauté*. Vous le fites donc, Madame, ce ferment terrible entre les mains des affaffins de votre Roi!!! Comment la parole n'expirât-elle pas fur vos lévres? Com-ment n'expirates-vous pas vous-même de honte et de douleur après avoir donné ce perfide exemple d'intérêt aux derniers rejettons de la famille des Rochechouarts, dont vous avez l'honneur d'être la mère?

Et vous ofez imprimer enfuite que depuis le premier jour de notre révolution, il y a de votre part *un enfemble de conduite, d'opinions, d'actions,* qu'on ne peut renverfer aifément!! Vous affurez qu'il y a peu de femmes dans nos tems orageux qui aient bravé et recherché autant de périls pour les fauver à d'autres, et que peut-être aucune n'a embraffé avec plus de zèle les moindres lueurs d'efpérance quand il s'agiffoit du SANG DE SES ROIS et *de la punition des Traitres.*

Le

Le fang bouillonne dans les veines quand on vous entend vous préférer ainſi vous-même, Madame, aux femmes qui ont le plus honnoré l'émigration. Eh! qui d'entre elles n'avoit pas auſſi des biens à réclamer? Mais fachant à quel prix il falloit les racheter, elles n'ont pas héſité un moment à en faire le facrifice. Et quoique *l'émigration foit auſſi pour elles la fource la plus abondante des privations et des fouffrances du corps et de l'eſprit*, elles s'y tiennent avec courage, parceque l'émigration eſt la feule place de l'honneur, lorſque le crime triomphe, lorſque l'autorité fe trouve uſurpée par des mains facrilèges et régicides.

Je m'emporte, Madame; je ne veux plus oublier que votre cœur n'a pu être pour rien dans l'odieux ferment que votre bouche à prononçé. Mais auſſi, pourquoi votre défenſeur ne fait-il relever *votre conduite, vos actions, vos opinions*, qu'en rabaiſſant celles d'autrui? Pourquoi force-t-il ainſi de remonter à la fource de tout ce que vous avez fait, dit ou penſé pour en examiner le mérite?

J'ai prouvé juſqu'à l'évidence, même pour l'auteur de votre lettre, qu'il y avoit lieu de ne pas vous permettre de refider à Londres, et que vous ne devez imputer qu'à votre défobeiſſance

qui

qui à duré depuis le 14 Aout jufqu'au 7 de No-
vembre, l'affront de la publicité de votre déportation.   J'ai promis de parler auffi des contradictions dont votre défenfe eft remplie : je vais
tenir parole.

Toute reflexion faite, je n'en citerai que deux
pour ne pas trop prolonger la contemplation
douloureufe de la méchanceté du cœur humain.

Votre défenfeur, voulant à tout prix attaquer
le Duc de Portland et me compromettre avec
mon Miniftre, vous fait dire (Page 23 & 24)
" votre agent près de moi chercha *à me calmer*,
" *à vous excufer*, et promit de vous éclairer;
" mais il fit de vaines tentatives pour obtenir de
" vous *d'autres audiences*."

Si votre mémoire en fait d'argent, Madame,
n'eft pas très bonne, il faut convenir que la mémoire de votre défenfeur n'eft pas meilleure en fait
d'audiences, car il vous fait dire (page fuivante) :

" Votre agent témoin de ma fituation alla
" vous fupplier encore de lui accorder *une au-*
" *dience*. Il vous reprefenta mes fouffrances, en
" vous demandant pour moi fi non quelque juf-
" tice, du moins quelque repos, et vous eutes
" l'inhumanité de me faire de nouveau tourmen-
" ter, &c. &c. &c."

Outre

Outre la contradiction fur les audiences, que de menfonges, que de malices, on vous fait dire en fi peu de lignes !

Je ne difconviens pas, Madame, d'avoir été touché de *votre fituation*, malgré la fureur où vous jettoit l'idée d'avoir été demafquée, et de ne pouvoir plus compter fur la délivrance des derniers fonds que vous convoitiez encore. J'ai pu même chercher à *vous calmer* par des paroles douces attendu que vous êtes femme. Mais *excufer le Duc auprès de vous ! !* Ah ! c'etoit vous, Madame, qu'il me falloit fans ceffe excufer auprès de lui : vous pour qui *je demandois quelque repos*, faute de pouvoir *demander juftice*. Et quand je rempliffois cette pénible fonction, j'étois bien fûr *de ne pas déplaire*, tant la générofité eft un des attributs de mon Miniftre ! On croiroit même que votre défenfeur fongeoit à cette vertu du Duc, lorfqu'il vous fait écrier (page 10): *Je ne vous rencontrerai plus que comme ennemi, ce qui vaut mieux que de vous avoir pour Juge.* Le Duc *comme ennemi* ne fauroit que pardonner : il eft fouvent dans la néceffité de punir *comme Juge.*

Après avoir voulu faire entendre que le Duc vous à condamnée fans preuves, vous l'accufez des conféquences de la juftification folemnelle à laquelle vous prétendez avoir été reduite.

Par

Par cette déclaration publique, dites - vous,
(page 11) " je ne ferme les portes de la France ;
" *(deviez-vous jamais vous les faire ouvrir Ma-*
" *dame la Comtesse ?)* j'y fais dresser mon echaf-
" faud et celui de mes enfans ; *(mériteroient-ils*
un autre sort si vrais descendans des Rochechouarts
ils pouvoient renier leur Roi pour le Directoire ?)
" je livre à la confiscation deux terres et un
" million en contrâts qui faisoient ma dot.
" Enfin je me constitue moi et mes enfans en
" émigration." *(Quand ce ne seroit pas votre*
place, ce seroit certainement la leur).

Vous êtes Royaliste, Madame, et vous avez
encore en France, au bout de huit mortelles an-
nées de Révolution, des terres et de riches
contrats !! Pardon, j'oubliois votre ferment de
haine à la Royauté prononcé seulement de bouche.
J'oubliois l'art que vous avez de dissimuler à pro-
pos et aussi souvent que les circonstances l'exigent.
D'ailleurs, ce n'est plus de tout cela dont il s'agit.
Nous en sommes au chapitre des contradictions,
et je dois prouver que renvoyée ou non d'Angleterre ; amie ou ennemie du Directoire ; imprimant
ou n'imprimant pas, votre haine contre la Repub-
lique et *votre soif de la punition des Traitres,* noble
Emigrée, ou vile Citoyenne, vous n'en auriez pas
moins éprouvé tous les malheurs epouvantables
que vous rassemblez sur votre tête pour en rendre
le Duc responsable.

Quoique

Quoique vous foyez affez difficile fur le choix des preuves, lorfqu'il n'eft pas queftion de prouver en votre faveur, je vous défie, Madame, de recufer celles que je vais fournir. Elles font prifes dans l'ecrit même de votre défenfeur. Ecoutons-le (Page 43):

" Me croyez vous *(c'eft Madame la Comteffe* " *qu'il fait parler)* me croyez vous affez peu in- " ftruite de la nature de notre révolution pour " efpérer que *fous l'Empire des Cinq Beys* qui " chatient les Francais en épouvantant l'Europe, " *(Monfieur L'Abbé ne permet pas que vous faffiez* " *grâce même à l'Angleterre)* pour efpérer, dis je, " fous ces êtres rapaces et pervers, conferver des " richeffes, obtenir de la confidération, et jouir " avec tranquillité de quelques inftans de la vie ? " *Non, Monfieur.*"

Je n'ajouterai rien. Pour le coup le corps de preuves eft trop complet. C'eft à vous de punir votre défenfeur de vous avoir fi mal fervie dans vos projets de vengeances. On dit qu'il vous à fouvent reproché *de vous être perdüe par intem-* *pérance de langage :* vous êtes bien plus fondée a lui reprocher *l'intempérance* de fes raifonnemens, de fes confeils, peut-être même de fes mœurs. S'il parloit encore de vous remettre en fcène, ordonnez lui de ne plus avoir recours à fon

<table>
<tr><td>D</td><td>imagination,</td></tr>
</table>

imagination, puisqu'il ne sait combiner aucun des traits d'ideés dont il cherche à composer votre physionomie politique. Ou plutot, si vous êtes fermement resolüe, ainsi que vous l'avez annoncé vous même, *à vous affermir dans le plus sévère devoir,* chassez *cette créature* de votre maison: éloignez avec elle tous les intriguans qui avilissent votre personne. C'est alors que rendüe à vous même, à vos enfans, à toute la dignité qui convient à votre rang, vous ferez oublier votre aventure de Londres, pour ne plus montrer en vous que Madame la Comtesse de Rochechouart, dont chacun prendra plaisir à se redire ainsi que moi, Madame, avec beaucoup de respect, le très humble et très obeissant Serviteur,

LE MAGISTRAT QUI L'EST ENCORE.

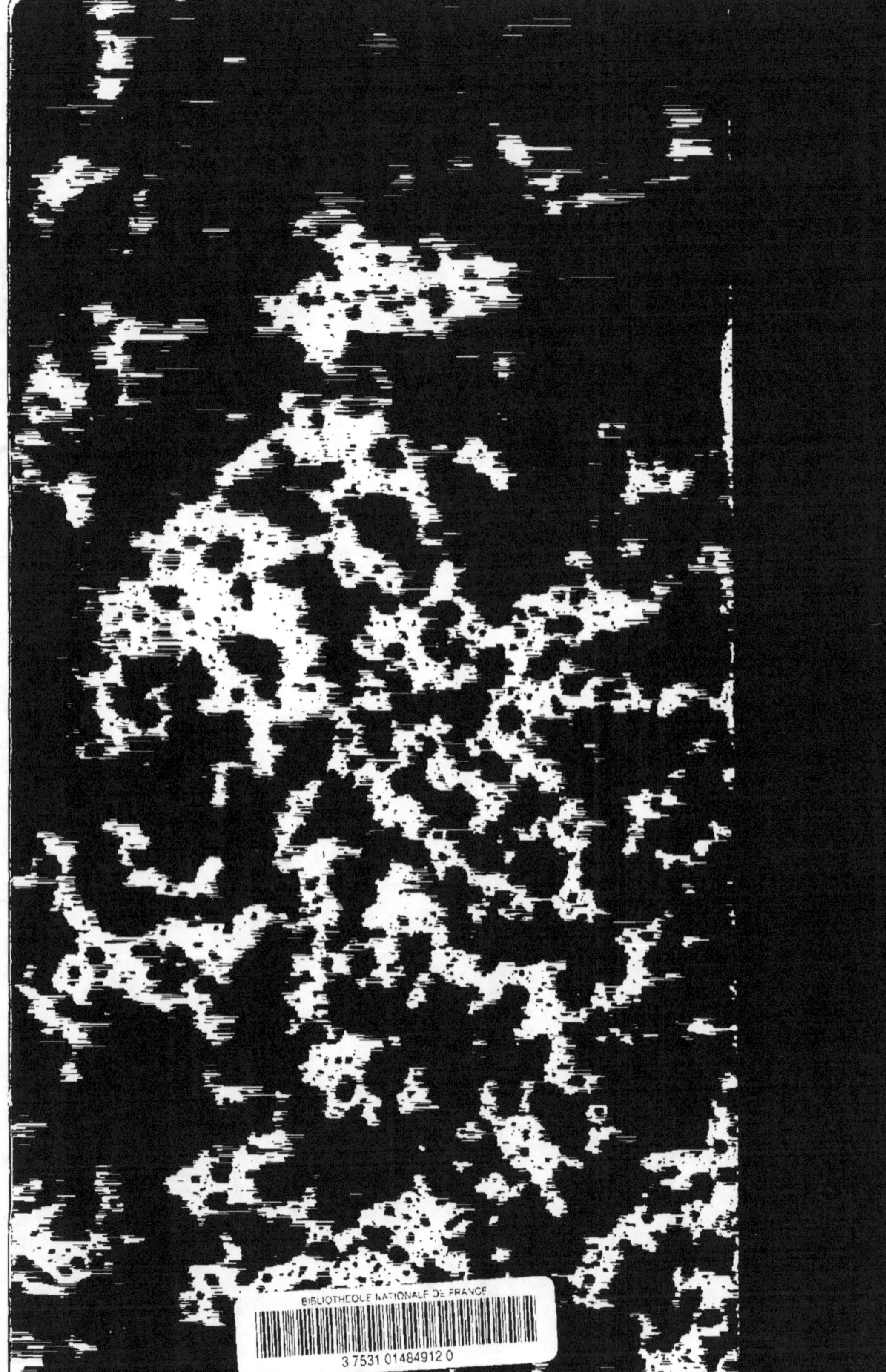